JN143709

ズボラの神が嫁にストレッチを教えたらスリムレベル99になった件

ズボラストレッチ
株式会社スマートタンパク代表取締役
深井 裕樹
漫画 せるこ 安藤

KADOKAWA

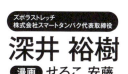

この物語はフィクションです。

はじめに

はじめまして。YouTubeの「ズボラストレッチ」というチャンネルで、ダイエットのためのストレッチを紹介している、株式会社スマートタンパク代表取締役の深井裕樹です。

突然ですが問題です。

「痩せたい」「きれいになりたい」という方のために僕がお教えしているストレッチは、最初に取り組む場合、どれくらいのペースで行うことを推奨しているか、ご存知でしょうか？

A 3日に1回

B 毎日1回

C 毎日2回（朝・晩）

D　2日に1回

E　1週間に1回

正解は……

その前に、僕の経歴を簡単にご紹介しますと、もともと約9年間、某ストレッチ専門店でインストラクターとして働いてきました。9年間で見てきた**お客さまの数は1万人を超えます。**

そこで「より多くの人に、無理なく痩せられるストレッチの魅力を伝えたい」と思って独立し、YouTuberになったのです。

僕が教えているのは、僕自身が超ズボラな性格ということもあって、**「ズボラな人向け」**のダイエットストレッチです。

本書を手に取ったみなさんならおわかりかもしれませんが、「ズボラー」をナメちゃいけません。健康のためだとしても、突然何かをやれと言われて、毎日なんて継続できるわけがないし、2日に1回、3日に1回でも無理。ぽっちゃり体型な僕だからこそ、自信をもっていえます（笑）

僕のストレッチはそもそも、寝ながらできたり、スマホはもちろんテレビを観ながらでもできたりと、とても簡単なものが多いので、週に1回くらいなら、少し意識をするだけで〝何かの拍子に、いつの間にかできちゃっている〟と思います。

そう、冒頭の問題の答えは、Eの「**1週間に1回**」です。

でも、「週に1回ではさすがに痩せないのでは?」と思われるかもしれません。

そこで、「なぜ週に1回でいいのか」を説明します。理由は主に2つ。

1つめ。まず、みなさんは今、「**とっても忙しい**」と思います。

そんな中、この本を手に取ってくださり、本当にありがとうございます。

僕自身、小さい子どもが2人いて、育児をしている妻を間近で見ていますが、忙しい毎日を過ごしています。僕のチャンネルの視聴者さんも、育児と仕事を両立している方や、毎晩遅くまで働かれている方が大勢いらっしゃいます。

「なかなか自分の時間がとれない」という人が大多数のはずです。

つまり、**みなさんはすでに「毎日の生活だけで十分頑張りすぎている」**と感じています。

それなのに、さらに毎日ダイエットのために運動しろとか、無理ですよね？

せいぜい週に1回くらいが限度ではないでしょうか。これが1つめの理由です。

2つめは、大切なのは**「習慣化すること」**だからです。

現在、「習い事」をやっている方はいますか？　今は忙しくてできていなくても、子どものころとか、以前やっていたという方は多いはず。

習い事って、「週に1回とか2回くらい」ではありませんか？

趣味のスイミング教室やテニスクラブ、バレエ教室など、週に1・2回が相場だと思います。それでも、1年や2年通っていれば、立派な習慣だと思いませんか？

なぜ習い事は週に1・2回程度なのに、ダイエットとなると急に「毎日やらなきゃ」とか、「週に3回、30分走れ！」となるのでしょう？　続くはずがありません。これが、2つめの理由です。

僕がまずみなさんに言いたいことは、「週に1回でいいから継続して、習慣化しましょう」ということ。もちろん、**週に1回でいいけど、その1回は1時間みっちりやらないといけない、なんてこともありません**

のでご安心を。

最初は週に1回、1つのストレッチをたった30秒行うだけ、でもいいです。

継続は力なり。週に1回をずっと続けられるくらい、無理のない範囲で行うことで、ゆっくりと徐々に、意識や体を変えていくイメージです。週1でも立派な習慣。

とにかく続けることが大切なんです。

それではもう1つ、左にある質問事項に「Yes」か「No」で答えてみてください。

・ストレッチはきちんとしたフォームで行わないと意味がない。
・ストレッチは、体のさまざまな部位に対してまんべんなく行う必要がある。
・ストレッチを行うべき時間帯は「朝、食後、寝る前」であり、このタイミングでないと効果が期待できない。
・行う際は、1回につき10回繰り返すなど決まった回数を行い、3セットずつ繰り返す必要がある。
・ストレッチにかけるべき時間の目安は、1日あたり10分以上である。

いかがですか？

僕の答えは、「**すべてNo**」です。

もちろん、でたらめなフォームでやるよりきちんとしたフォームでストレッチしたほうが効果が高いのは当たり前。例えば、「今から1カ月後までに絶対に3kg痩せないといけない」のであれば、きっちりとストイックに追い込む必要があるでしょう。

でも、**みなさんの人生は、痩せるためや、ダイエットするためにあるのではないはず。**それに、きついトレーニングをして一時的に痩せたり、最初から何でも完璧にこなそうとしたりすると、続かずに結局リバウンドをしたり途中で挫折したりしてしまいます。

食べたいものを食べて、仕事や家事、育児もしながら家族や友人、自分の時間も大切にし、もちろん休息もしっかりととる。そんな充実した毎日を送るためには、無理なく、ゆるーく始めることが大切です。もう一度言います。「**1週間に1回でOKです**」。

まいっか
シャー
自転車乗りながらストレッチしよ〜〜っと

では、具体的にどんなストレッチを行っていけばよいか。それは本編をご覧ください。

本書では、できるだけ無理なく、日常の中で自然と行えてしまうようなストレッチを心掛けてご紹介。我が「深井家」の日常を描いた漫画の中で**「ズボラーに向けたストレッチ」**が登場しますので、簡単そうなものからやってみてください。「すぐに5kg痩せて、リバウンドもしない」、残念ながらそんな類のエクササイズではありません。

しかし、このズボラストレッチに取り組むことで、ストレッチがいつしか自然と暮らしの一部になり、無理なく少しずつ痩せやすい体になっていくはず。

どうか、痩せることやダイエットすることが人生の目的にならないように。このズボラストレッチが、みなさんが日々を楽しく過ごすための一助になればうれしいです。

本書の特徴

日常の中で“ついで”にできるストレッチの数々

“深井家”の日常を描いた漫画の中で、さまざまな「ズボラストレッチ」が登場。「無理なく行えるように」と、暮らしの中の動作をちょっと工夫して簡単にストレッチできるのが特徴です。
「週に1回」「1回あたり30秒」でいいので、まずはどれか気になったものを1つだけでも実践してみませんか?

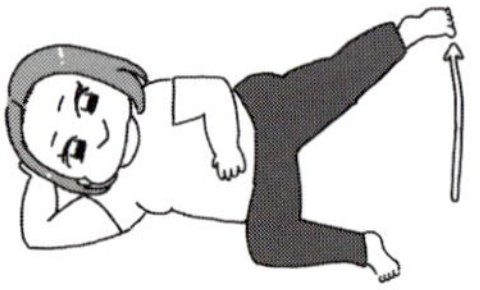

例えばゴロ寝しながらや、自転車に乗りながらなど、ついで感覚でできちゃう!

ストレッチ紹介ページの見方

漫画中に登場するストレッチを、各ストーリーの最後に紹介しています。
無理なく、できる範囲で行ってみてください。

漫画中に登場するストレッチを、各ストーリーの最後に紹介しています。

腕スリムストレッチ

両腕を30度くらい横に広げ、手のひらは体の正面側に向けます。肩の付け根を軸に、手をひっくり返す(甲を前に向ける)&元に戻すを30秒間繰り返しましょう。

効く部位 二の腕、前腕

肩に力が入った“いかり肩”の状態にならないよう注意してください!

97 第2章 もう酵素ドリンクは見たくない! 日常でできるズボラストレッチ

目安の時間や回数を設定しています。基本的には30秒でOK。

「さらに頑張りたい」という人はワンポイントアドバイスをチェック!

登場人物紹介

深井家の人々

深井裕樹

本書の著者で、かおちゃんの夫。人工甘味料不使用のプロテイン開発会社、株式会社スマートタンパク代表取締役。登録者数145万人を超えるYouTubeチャンネル「ズボラストレッチ」で、ダイエット動画を配信するYouTuber。自身も日々ストレッチを実践しているものの、食べるのが好きすぎて絶賛ぽっちゃり体型。最近、妻が挙動不審気味なため「浮気」を疑い始めている……。

かおちゃん

深井裕樹の妻。2児の母で、育児に奮闘しながらも明るく過ごす、本書の漫画の主人公。夫と同様にズボラな性格であり、家事の中でも特に片付けが苦手。体重が増えがちなことと、「夫がYouTuberという事実を友人たちに言えないこと」に悩んでいる。さらに最近、夫には言えないある秘密を抱えており……。

子どもたち

小学校低学年の長女と、まだ赤ちゃんの長男。娘のほうは鋭いツッコミを放つようになってきて、無意識のうちに両親を傷つけることも……。

目次

ストレッチなんかで痩せるわけないじゃないっ …… 26
夫から告げられた衝撃の告白 …… 29
大成功！　ズボラでも30秒でパーフェクトスリムボディを実現 …… 33

第1章
糖質オフは今すぐ止めなさい　たったの30秒、ゴロ寝でOKの「枕ストレッチ」

テレビを観ながらゴロ寝ストレッチ …… 40
ストレッチ　挟むだけ！　枕ストレッチ …… 42
ストレッチ　挟んで上げ下げ　1 …… 43
ストレッチ　挟んで上げ下げ　2 …… 44

ストレッチ　壁と腰で挟んで反り腰改善　45
ストレッチ　お腹を〝ペコポコ〟　46
ストレッチ　脇に挟んでつぶす　47
ストレッチ　膝に挟んで倒せば美脚に　48
ストレッチ　脚に挟んで上げ下げ　49
ストレッチ　膝を上げたまま左右に倒す　50
ストレッチ　脚に挟んだ枕を引っ張る　51
ストレッチ　もも裏に挟んで脚を上げ下げ　52
コラム　私の失敗談①　糖質オフダイエット　55

第2章 もう酵素ドリンクは見たくない！日常でできるズボラストレッチ

妻の様子が普段と違う…まさか、浮気!? 58

外出前の脚痩せストレッチでほっそり体型に 62

試着室で格闘する 66

ストレッチ お腹凹ませストレッチ（ドローイン） 67

子どもをあやしながらストレッチ 68

ストレッチ 抱っこしながらおしりストレッチ 69

コラム 私の失敗談② ファスティング 70

いつだって子どもの無邪気な一言がオトナを傷つける 72

ストレッチ　ゴミ捨てついでに二の腕ストレッチ　75
何気ない会話からほころびが　76
ストレッチ　表情ほぐれる小顔ストレッチ　79
友人の結婚式を前に…　80
ストレッチ　脚パタ×2　〝ながら〟ストレッチ　82
ストレッチ　エア自転車漕ぎで脚ストレッチ　83
メジャーがない!!　84
自転車に乗りながらストレッチ　86
ストレッチ　自転車でお腹凹ませストレッチ　89
コラム　私の失敗談③　ランニング　90
お風呂でストレッチ　92
ストレッチ　お風呂に入りながらストレッチ　93
トイレで二の腕ストレッチ　94

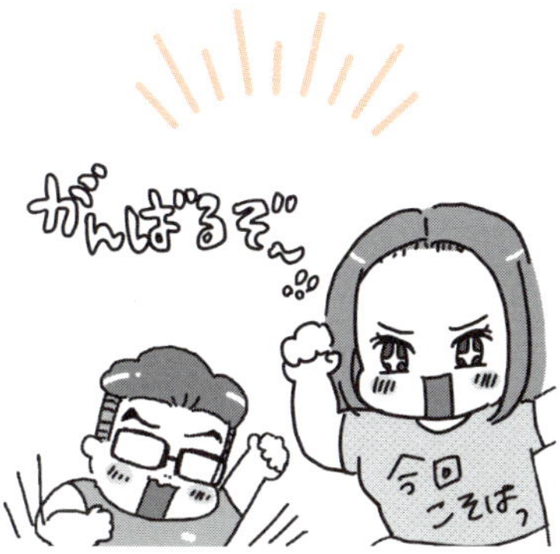

がんばるぞ〜
今回こそはっ

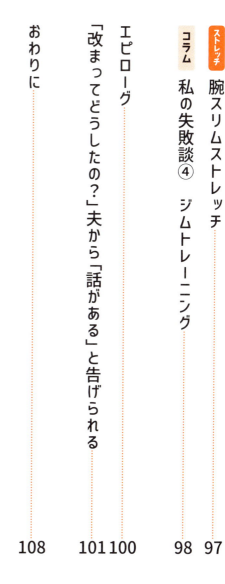

ストレッチ インデックス 1

おしりや脚に効く

脚に効く

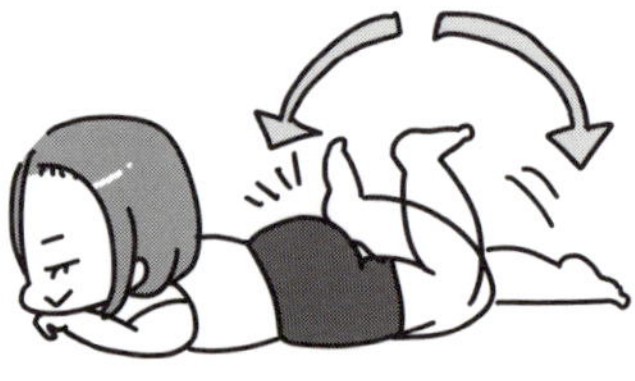

脚やお腹に効く

★ 挟んで上げ下げ 1
… P43

★ エア自転車漕ぎで脚ストレッチ … P83

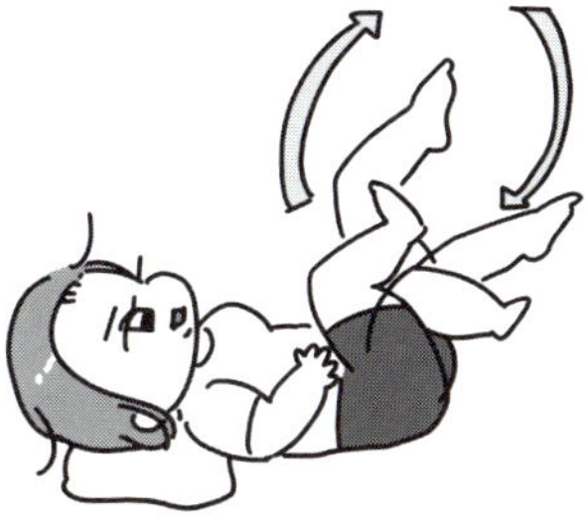

★ 脚に挟んで上げ下げ
… P49

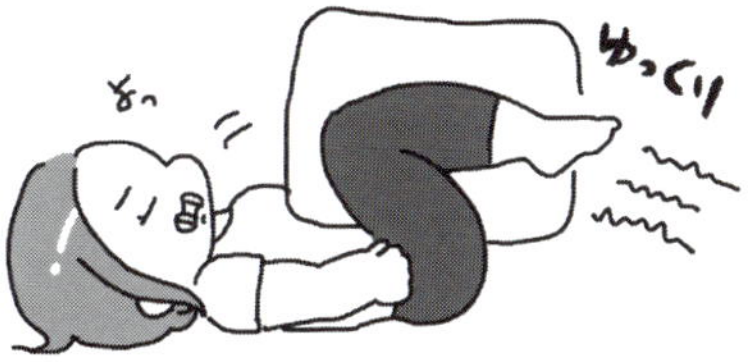

★ お風呂に入りながらストレッチ … P93

★ 脚に挟んだ枕を引っ張る … P51

★ 膝に挟んで倒せば美脚に … P48

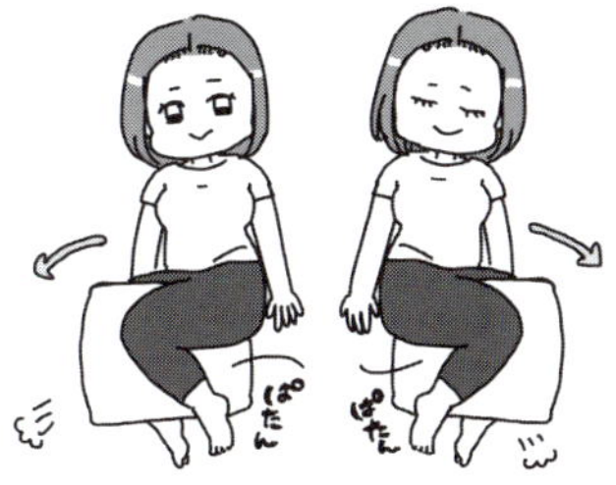

ストレッチ インデックス 2

お腹に効く

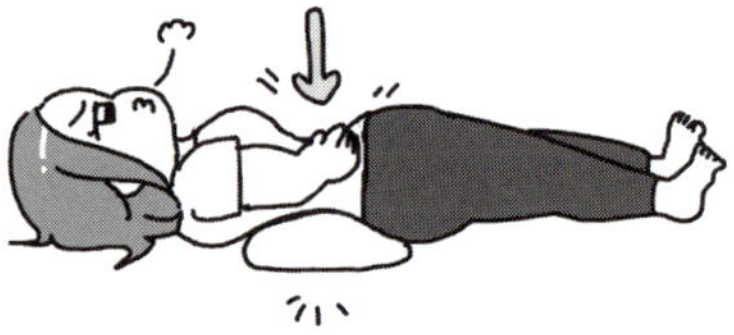

脚やお腹に効く

二の腕に効く

★ ゴミ捨てついでに
二の腕ストレッチ … P75

★ 腕スリムストレッチ … P97

★ お腹凹ませストレッチ
（ドローイン）… P67

表情筋に効く

★ 表情ほぐれる
小顔ストレッチ … P79

肩に効く

★ 脇に挟んでつぶす … P47

本書の内容はすべて２０２４年９月時点での情報を基に執筆・制作されています。

装丁デザイン　五藤友紀（ブックウォール）
本文デザイン　松岡羽（ハネデザイン）
企画　小山竜央
編集協力　（株）ＫＷＣ
校正　西岡亜希子
編集　五十嵐恭平

序章

No.1トレーナーが妻をヒントに開発した「ズボラストレッチ」

ストレッチなんかで
痩せるわけないじゃないっ
どぉーん
うわぁああああ！
ガバッ
すやすや
すやぁ
はぁ…はぁ…
ゆ、夢…
またあのときのことか…
回想
ねぇっ
僕、YouTuberになって
ダイエットしたい人向けにストレッチ動画を上げるから
るんっ
スバッ
ストレッチなんかで痩せるわけないじゃないっ
※1コマ目のセリフ
ずーん

何かよくないことが起こるのかも…
あんなに冷たく突き放さなくてもさァ…
TORA UMA …
ストレッチなんかでやせるわけないじゃない
よくないことが起きる前触れ的に夢に出てくるようになっちゃいました(汗)
ドキドキ
僕には悩みがある
それは…
妻がYouTuberとしての仕事を
認めてくれないこと
ヒン
スヤ…
妻 かおちゃん
登録者数が100万人を突破してからは
100万人てもんのすごいありがたいことよ…?
さすがに多少は僕の仕事を理解してくれるかと思った
んだけど…
そういえば…
やった
ついにっ
ガタ

145万人突破したよおおおおお・・・って
ふぇええぇ
むく
?
あ
☆やっと寝た娘&赤ちゃん☆
ピシャーン
説教じゃっ
あのときは
念願の登録者数145万人突破を一緒に喜んで欲しかったんだけどなぁ…
はぁ
ガックシ
タイミング悪かった
ま
あれは僕のせいだな
ふ～
仕事仕事…
ごちゃり。。。
ろうかだよ
SHIGOTO
はぁ

どうも、深井の妻です。
実は私には、夫には言えない秘密があります…
かおちゃん
それは、私の友人に夫の職業を内緒にしていること
秘
夫は、今はやり（?）のYouTuberをやっている
ある日突然
YouTubeやるから！
と言われたときは正直
ええ!!?
ぶったまげた
← ネットに詳しくない
もともと、家系ラーメン店の店長として働いていた夫
ッシャッセー!!
まかないでは当たり前のようにラーメン大盛り
ずるー
体重も90kg近くにまで増えてしまったらしい
※身長は173センチ

しかし
体重増加に加えて
夜勤生活がたたり
健康状態が悪化したため
店長を辞めることに
腰痛や坐骨神経痛に
悩まされていたこともあり
自分の健康状態を改善するために
ストレッチ専門店に通うように
自身もストレッチ業界に興味が湧き
ストレッチの企業の社員へ転職!
トレーナーとしての
活動をスタート
某大手
ストレッチ専門店
トレーナー
月間売上
最高記録!!!
ようやく軌道に乗り始めた…
…矢先にお次は
独立&
YouTuber
になる!
ユーチューバー
に
おれはなる
と宣言されたのだ
お、おう…
??
nemimi
ni
mizu

昔から夫は
行動力があって
頼もしいが
ツイッター・
インスタ・tiktok
メルマガ
voicy etc..
ぜ〜〜んぶ
やってみる
よ〜!!!
突拍子もない行動には
目が離せない
それにしても
よりによって
ストレッチで
痩せるメソッドを公開だ
このぽっちゃり男子が
なんにも
やりたくない
先日
ママ友との会話
そういえば
深井さんとこは
旦那さん
どんなお仕事
なんですか?
あ〜うちは
ストレッ…
……ツスを
人のストレスを
軽くしてあげる仕事…
的な感じ…かな
あんまよく
分かって
なくて〜
笑
あやしい

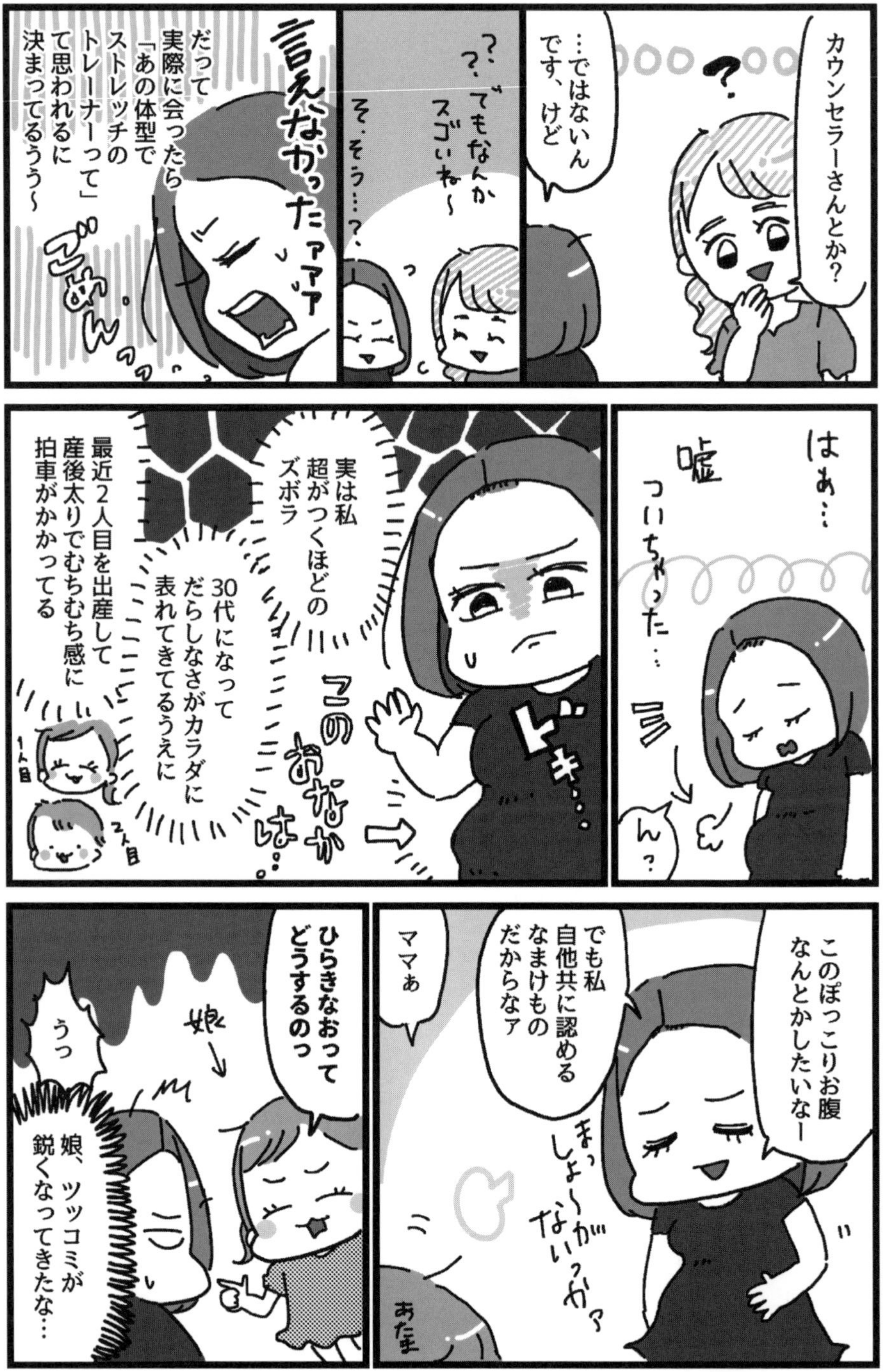
カウンセラーさんとか?
…ではないんです、けど
?、?、でもなんかスゴいね～
そ、そう…?、
言えなかったァアア
だって実際に会ったら「あの体型でストレッチのトレーナーって」て思われるに決まってるうう～
ごめん
はぁ…
嘘ついちゃった…
ん?
実は私超がつくほどのズボラ
30代になってだらしなさがカラダに表れてきてるうえに
最近2人目を出産して産後太りでむちむち感に拍車がかかってる
1人目
2人目
このおなかは…
ドキ…
このぽっこりお腹なんとかしたいなー
でも私自他共に認めるなまけものだからなァ
まっしょ～がないっかァ
ママぁ
あたま
ひらきなおってどうするのっ
娘
うっ
娘、ツッコミが鋭くなってきたな…

大成功！　ズボラでも30秒でパーフェクトスリムボディを実現

じっ……
まくら
この枕、ストレッチに使えないかな…
腰の下にまくら…
む…
まくら
もぞもぞ
まくら
脚やお尻を浮かしたり…
これだとあまり効果ないか…
これだと…？
ソファにすわって…
ぎゅ
あげ…
さげ…
おっ…？
あげ…
さげ…
これは!! 内ももやお腹に効くぞ！
キュピーン
プルプル
手に持ったら…
ピーン
ぐぐぐ…
おおっ

これも結構効く
腕は上げておくだけでも結構ツラいからな
枕を持ったままやることでさらに負荷をかけられるし
寝るときもそこに常にあるもんね
まくら
ペットボトルなどを用意するより手軽だから、いいかもしれない
寝室にはのみかけのペットボトルしかないわ!!
(あったらあかんのよ)
茶
枕を使ったストレッチなら何もない状態より効果が上がるものもある
キュピーン!!
ストレッチトレーナースイッチON!!
しかも寝る直前などにもできるからかなり手軽だぞ
まくら
かおちゃんもこれならやってくれるかも!
寝たままできるの!? 天才!!
さっすがトレーナーだね
イメージ
いざ枕メソッド開発!!
こうすれば
ここの筋肉にきいて…
ここがのびて…
まくら

～～数週間後～～
できたっ！
枕を使ったストレッチができたぞ
ハァ
ハァ
ハァ
ずばりこのダイエットは枕を使ったストレッチなので
「寝る前」に行うのにオススメ
寝っ転がりながらできるものもあるのでラクだし
そのまま寝ちゃうこともできるくらい気持ちいいから続けやすい！
うん！われながらよくできてる
メソッド
ぐふ
よし、これをかおちゃんにやってもらおう！
いやっほー！
ズボラだけどできるかな
そしてこの仕事《トレーナーYouTuber》を認めてもらうと同時に奥さんにも痩せてもらえば
一石二鳥だ～！

第1章

糖質オフは今すぐ止めなさい
たったの30秒、
ゴロ寝でOKの
「枕ストレッチ」

ん〜っ
のびーー
就寝
別室
しごと
至福…
たまにはいいよね〜♫
テレビ
Pi
いや〜やっぱビールは最高っすな!
プハ
BEER
この芸人さんおもしろっ
てれび
ヒョコ
なにしてんの〜?

テレビ観てただけだけど…
音うるさかった？
いや 大丈夫よ～
休憩しにきた
あっ
それ！
おれが
取っといた
おやつ～
いーじゃん
ケチ…
おいし～んだもん
これぇ～
いーけど…
あ、そういえば
ちょっと聞いてよ～
この前さあ～～
～～あーで
こーで
しかも～～：あの
～～の人が～～
～～でさあ～～
ペラ
ペラペラ
それでさ～
～～…
ペラリ～ノ
おしゃべり好き
あぁあ
せっかくの
たまの
一人時間
があぁ…
ペラ
そのとき～～
いーけどね
ペラ
～～でね、
～～で
～～…
ペラ
ねえ
テレビを
観ながら
でもできる
ストレッチ
やってみない？
ペラーリ
えっ
ピク
どんなの？
くいっきっ

テレビを観ながら
ゴロ寝ストレッチ
ゴロ寝でできるよ～
ほう

1. 横になって右肘を床につき、右手で頭を支えます。右脚の膝を体の前に出した状態で、左脚を真上に上げ下げします。なるべく高く脚を上げて、おしりを使っている感覚を意識しましょう。

効く部位　おしり

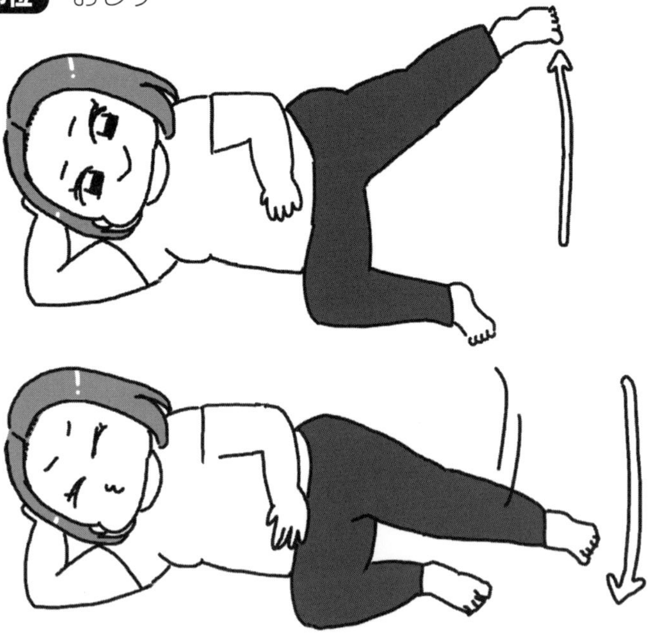

2. 反対向きでも同様のストレッチを行います。

どう〜？
うん うん
ほんとに テレビ みれる…
これなら簡単だね〜♪
ごきげん
そ でっしょ〜
これは いけるかもっ
今なら やってもらえそうっ
さっと 取り出し たるは
ねぇ 寝る前にできるストレッチを開発したんだけどさ
MAKURA《まくら》〜!!!
ちょっと やってみない？
うちの
枕？
どうも 枕です
ばんっっ

挟むだけ！　枕ストレッチ

ベッドや椅子などに腰掛け、枕を両膝の間に入れて挟み、両脚を閉じるように内側に力を入れましょう。30秒間挟んでいると、負荷がかかって内ももに効いているのがわかるはずです。

効く部位　内もも

横

前

挟んで上げ下げ 1

P42 の要領で枕を両膝の間に入れて挟んだまま、両脚をできるだけ持ち上げ、下ろしましょう。

効く部位　内もも、お腹

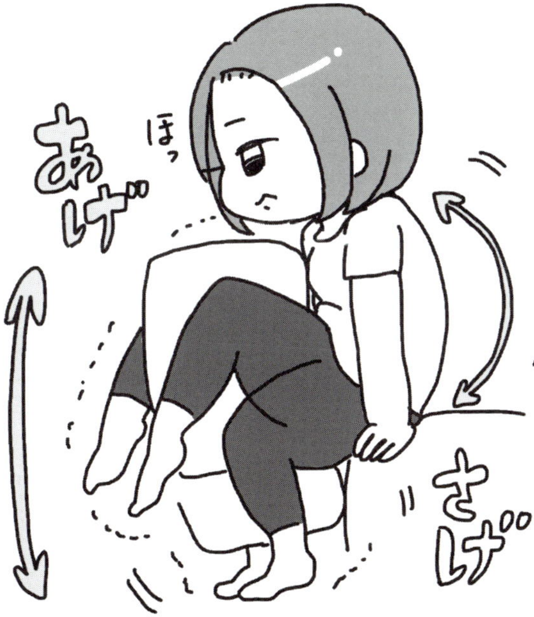
ほっ
あげ
さげ

ゆっくり上げ下げすると、
より効果的

挟んで上げ下げ 2

ベッドや椅子などに“浅め”に腰掛け、両脚のもも裏とふくらはぎの間に枕を挟みます。そのまま両脚をできるだけ持ち上げ、下ろしましょう。

効く部位 裏もも

壁と腰で挟んで反り腰改善

壁に寄りかかるようにして座り、壁と腰の間に枕を挟みます。
腰に当たっている枕をつぶすつもりでお腹を凹ませ、戻します。

効く部位　お腹、反り腰

お腹を“ペコポコ”

仰向けに寝た状態で腰の下に枕を置き、枕をつぶすようにお腹をペコっと凹ませてから、ポコっと膨らませます。“ペコポコ”を数秒に１回くらいのペースで何度か繰り返しましょう。

効く部位　お腹、反り腰

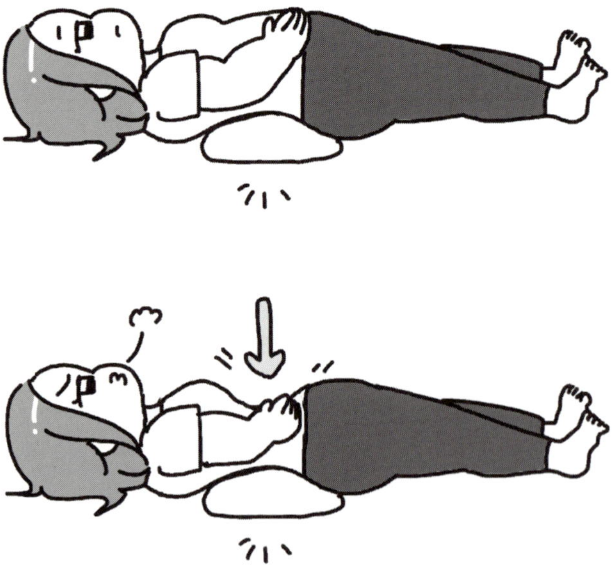

脇に挟んでつぶす

両脇に枕を挟み、ぎゅっとつぶすように内側に力を入れて締めます。数秒間キープしましょう。

効く部位 肩こり、バストアップ

膝に挟んで倒せば美脚に

仰向けに寝た状態で両膝を立てて間に枕を挟みます。膝を床につけるように、左右に倒します。

効く部位 内もも、太もも、おしり

仰向け

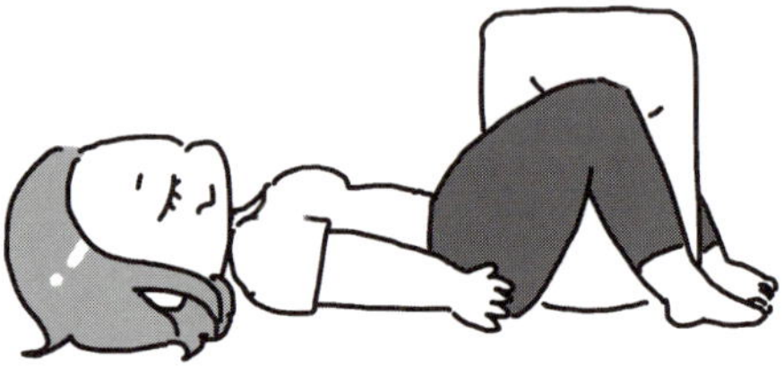

真上から見たところ

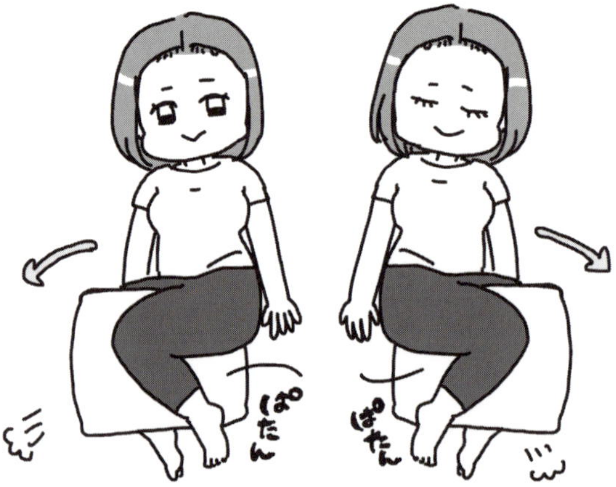

脚に挟んで上げ下げ

仰向けに寝た状態で両脚の間に枕を挟みます。そのまま膝をお腹につけるイメージで、３秒かけてゆっくりと上げ、３秒かけてゆっくりと下ろします。

効く部位　内もも、お腹

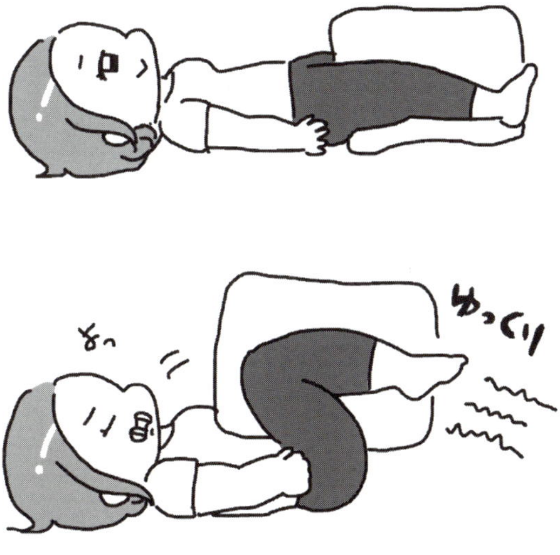

よっ
ゆっくり

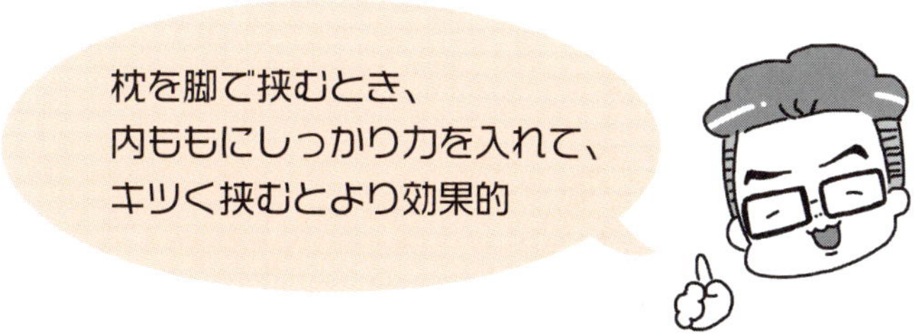

枕を脚で挟むとき、
内ももにしっかり力を入れて、
キツく挟むとより効果的

膝を上げたまま左右に倒す

仰向けに寝た状態で両膝の間に枕を挟んだら、おしりが床から浮くくらい前ももをお腹に近づけ、脚先が床につかないように持ち上げます。そのまま腰をひねるようにして、膝を左右交互に倒します。

効く部位 下腹部、脇腹

脚に挟んだ枕を引っ張る

仰向けの状態で両膝を立てて間に枕を挟み、お腹に力を入れて肩甲骨が床から浮くくらい上半身を起こします。枕が抜けないよう両脚に力を入れながら、腕に力を入れて枕を引っ張ります。10～30秒ほど引っ張ったら、力を抜いて元の体勢に戻ります。

効く部位　内もも、お腹

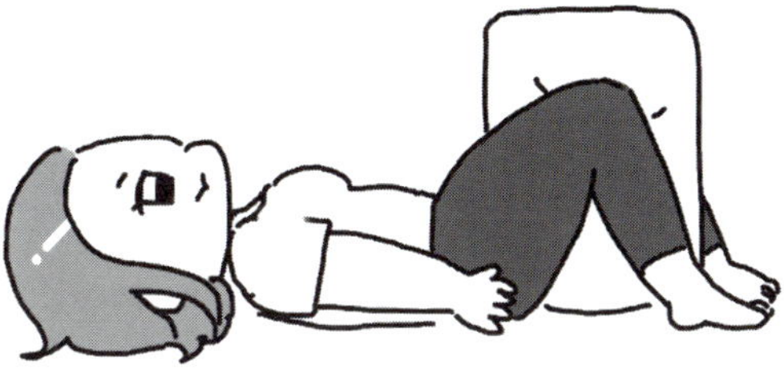

枕を引っ張る時間は
「少しキツい」と感じるくらいが効果的

もも裏に挟んで脚を上げ下げ

仰向けに寝た状態で両膝を立て、太ももとふくらはぎの間に枕を挟みます。枕が落ちないように力を入れて挟みながら、おしりが床から浮くくらい前ももをお腹に近づけて脚を持ち上げます。しばらくキープしたら元に戻し、何度か繰り返しましょう。

効く部位　裏もも、お腹

へぇ～
これなら寝ながらか座ってできるから簡単ね
はさみっ
覚えやすいからいつでもできちゃいそう
えへんっ
でしょ～？
ぎゅ
し・か・も
これって1日に全部やる必要はなくて
1つか2つでいいんだ
えっ
そんなんで効果でるの？

効果でるよっ!!!
忙しくて時間が無くても大丈夫
圧っ…!!
まずは週に1回から始めてみよう!!
ぐっっ
でもさすがにこれなら
ふ〜むふむ
かんたん♫
1つか2つくらい寝る前にできるかも
お〜っその調子!
ほんとに1つずつでいいからやってみてよ
うん
い〜かんじ!!
あい〜
ふふふ
なんだかんだなかよしね♡

コラム
私の失敗談①
糖質オフダイエット
数年前
大ヒットしていた
糖質オフダイエット
20kgやせた!
10kgやせた!
かんたん3日でマイナス3kg
いまもたまに話題にあがるんだけど…
なになに…
白米の代わりに糖質カット麺で調理?
うどん
パスタ
50%オフ
などなど…
カロリーや糖質が低い食材に置き換えるということか
なるほどねっ
やってみるか～!!
糖質OFFレシピ
流行りにのっかるダイエット戦士☺
味も意外と美味しいし
やる気ッ
これなら続けられるかも♪
そ
し
て…
ある日
ねぇねぇ
もぐもぐ

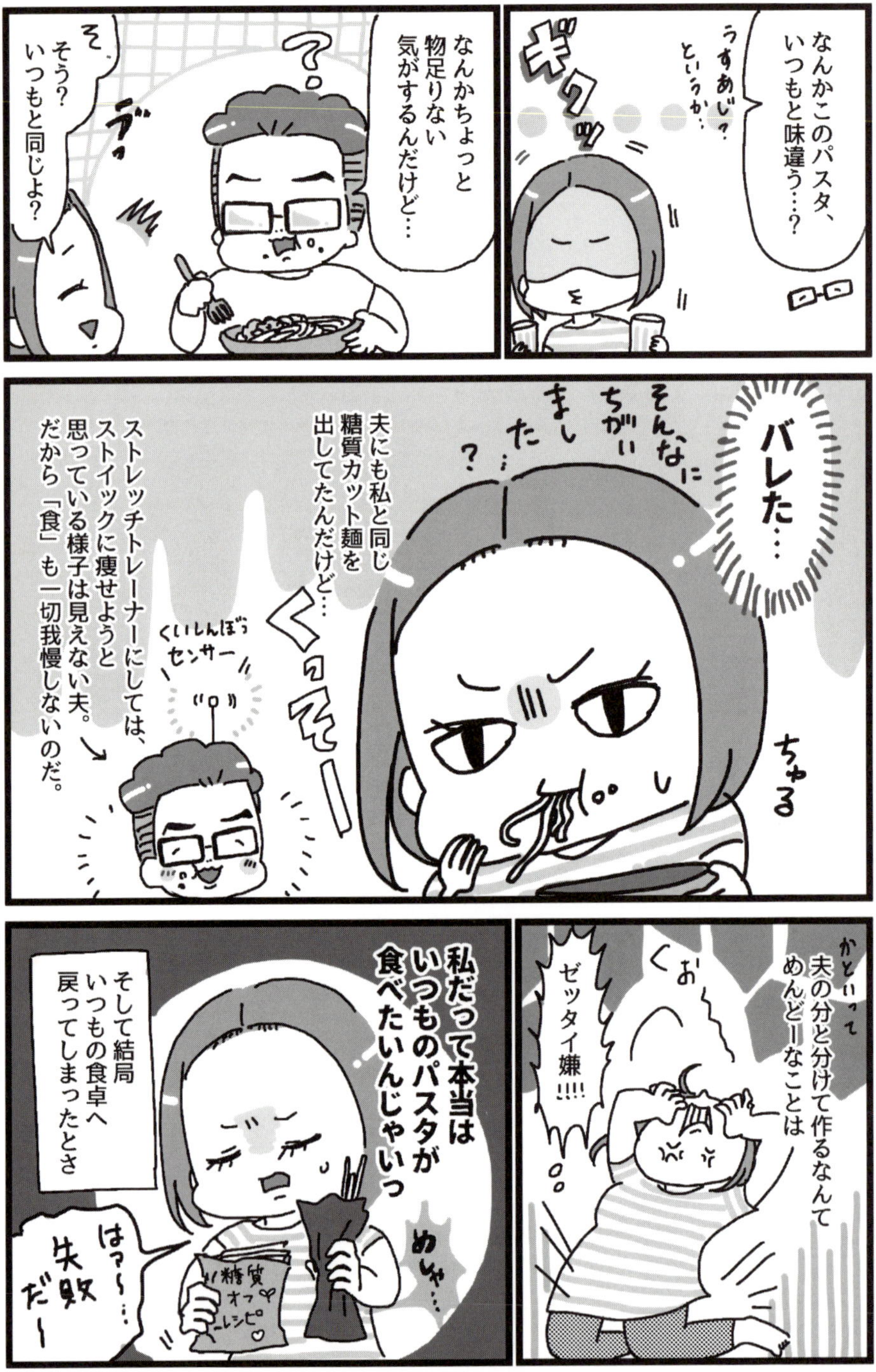

なんかこのパスタ、いつもと味違う…？
うすあじ？というか…
ギクッ
なんかちょっと物足りない気がするんだけど…
？
そ、そう？いつもと同じよ？
バレた…
そんなにちがいました
？
夫にも私と同じ糖質カット麺を出してたんだけど…
くっそー
ちゅる
ストレッチトレーナーにしては、ストイックに痩せようと思っている様子は見えない夫。だから「食」も一切我慢しないのだ。
くいしんぼうセンサー
かといって夫の分と分けて作るなんてめんどーなことは
ゼッタイ嫌!!!!
くぉ
私だって本当はいつものパスタが食べたいんじゃいっ
そして結局いつもの食卓へ戻ってしまったとさ
めしゃ…
はァ～…失敗だ～
糖質オフレシピ

第2章

もう酵素ドリンクは見たくない！

日常でできる
ズボラストレッチ

み、みなさん聞いてください
コソ…
妻が枕ストレッチを実践してくれてめでたし…と思いきや
新たな悩みが出てきてしまいました
それは…
かおちゃんが浮気をしているのではないかということですッツ
ピシャーン!!
開発した枕メソッドを教えて以来少しずつ実践してくれて効果が表れてきているッ
ぱぁぁ
グッ
のはうれしいのですが
あ゛あっ
エラ〜イ
それだけじゃなくなんだか活発によく出かけるようになったような?
ズボラ出不精だったのに
ワーイ

ある日
動画撮影中
呼吸とめないで〜
ムリせず
●REC
ん…？
なんか視線が…？
じーー
み、見られとる
な、なに？
エッ!?
いやあナンデモ
あっあ〜そういえば
そろそろ出かけてくるネッ
ご飯は冷蔵庫におかずあるから温めて食べてね〜
シュバァ
そそくさ
…？
あれぇ、いつもと雰囲気ちがってた？
なんかおめかししてたよね…
友達と遊びにいくんだっけ…？
いつにも増してキレイだったような
ていうか

今ちょっと
そっけなく
なかった!?
まさか
う、うわ…
き…？
ハッ
とてちて
おとうさん
どぉしたの〜？
んぎゅむぅ
えっ
どーもしないよぉ
そ そうだよ
こんなかわいい子が
いて浮気なんて
ありえないよな
また別のある日
ただいまぁ
ガサガサ
え
夫の部屋
何…
かおちゃん…？
ガサゴソ

な、なんかしとる
あえて大きい声で
ただいまぁ
ギク
アッおかえりィ早かったね！？
あ～忙し
どーん
超気になるんですけど!!!!!!
ていうかまた少し痩せたような…
とにかく
何か隠してることは間違いないっ
えッ…
やっぱり
浮気!?…

妻の告白
みなさん きいてください
私には2つの秘密があります
1つ目は夫がYouTuberであることを友人に言えていないこと
1章参照
そして2つ目は・・・
夫のズボラストレッチのメソッドにどっっっぷりとハマっていること
それはもう思いっきりね
カァァァ

言えないっ
夫には言えないっ
だってっ
かおちゃん
僕
ストレッチ専門のYouTuberになるからっ
は？
何言ってんの？
ストレッチで痩せたら苦労しないわっ

しかも YouTuber《ゆうちゅうばぁ》 ああ!!?
冷ややか〜
無理だよ きっと
グサ
夫がストレッチ動画で成功していることは喜ばしいけど
チャンネル登録数145万人超えたよ〜!
す… すんごいね…
のことがあったので私が自分から夫の動画を見ることはなかった
でもこの前
興味本位で覗いたら
すごく簡単そう
ゴクリ
寝ながらとか テレビ観ながら できるじゃん
ダイエット

ま、効果は
たかが知れてる
だろうけど
ふ〜
呼吸とめないで〜
ちょっと
やってみようかな
そしたら〜
ママ友
なんか脚
ほっそり
した？
エッ
出かける前に
脚痩せストレッチ
したから…!?
さらに
10分の動画
前後で測ってみたら
100均のメジャーで…
えええ
ペンで印
-1.5cm
本当に
サイズダウンしてる
というわけで
枕メソッド以外でも
すっかりハマってしまったよ…
私が実践している
日常で使えるストレッチ
を紹介していきます☆
夫にはナイショ…

久しぶりの
1人時間だ～
独身の頃から好きなショップにいざっ
今日は奮発して服を買うぞ
子ども服じゃなく自分の服っ!!!
ああ
この感じっ
新作スカ～ト
君に決めたっ
と
トップス
試着室
ちょっ…と待って
いつものサイズが入らないッ
嘘でしょ…
でもゼッタイあきらめたくない…
サー
そういえばこんなときすぐできるメソッドがあったんだ!
めちゃくちゃ夫のYoutubeみとるから思い出せたっ
フ～～っ
入った～
キツくなーい!!
お客さまいかがですか～?
買います!

お腹凹ませストレッチ（ドローイン）

まっすぐ気をつけの状態で立ち、**息を吐ききると同時に**お腹を限界まで凹ませます。そのまま 15 秒間キープしたら、元の姿勢に戻ります。

効く部位　お腹

息を吐き、
お腹に力を入れて
凹ませる

お腹を凹ませた
状態なら
軽く呼吸して OK

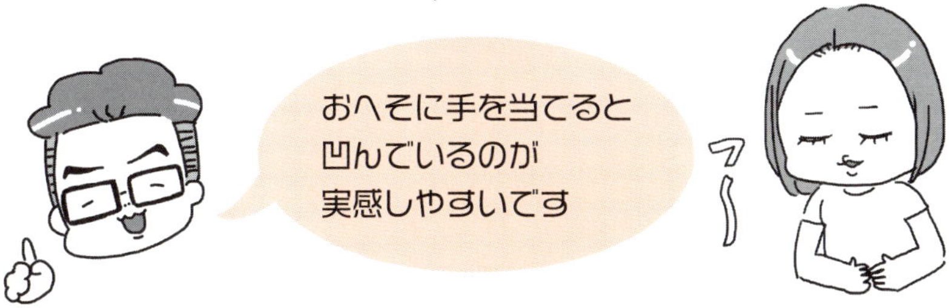
おへそに手を当てると
凹んでいるのが
実感しやすいです

子どもをあやしながらストレッチ

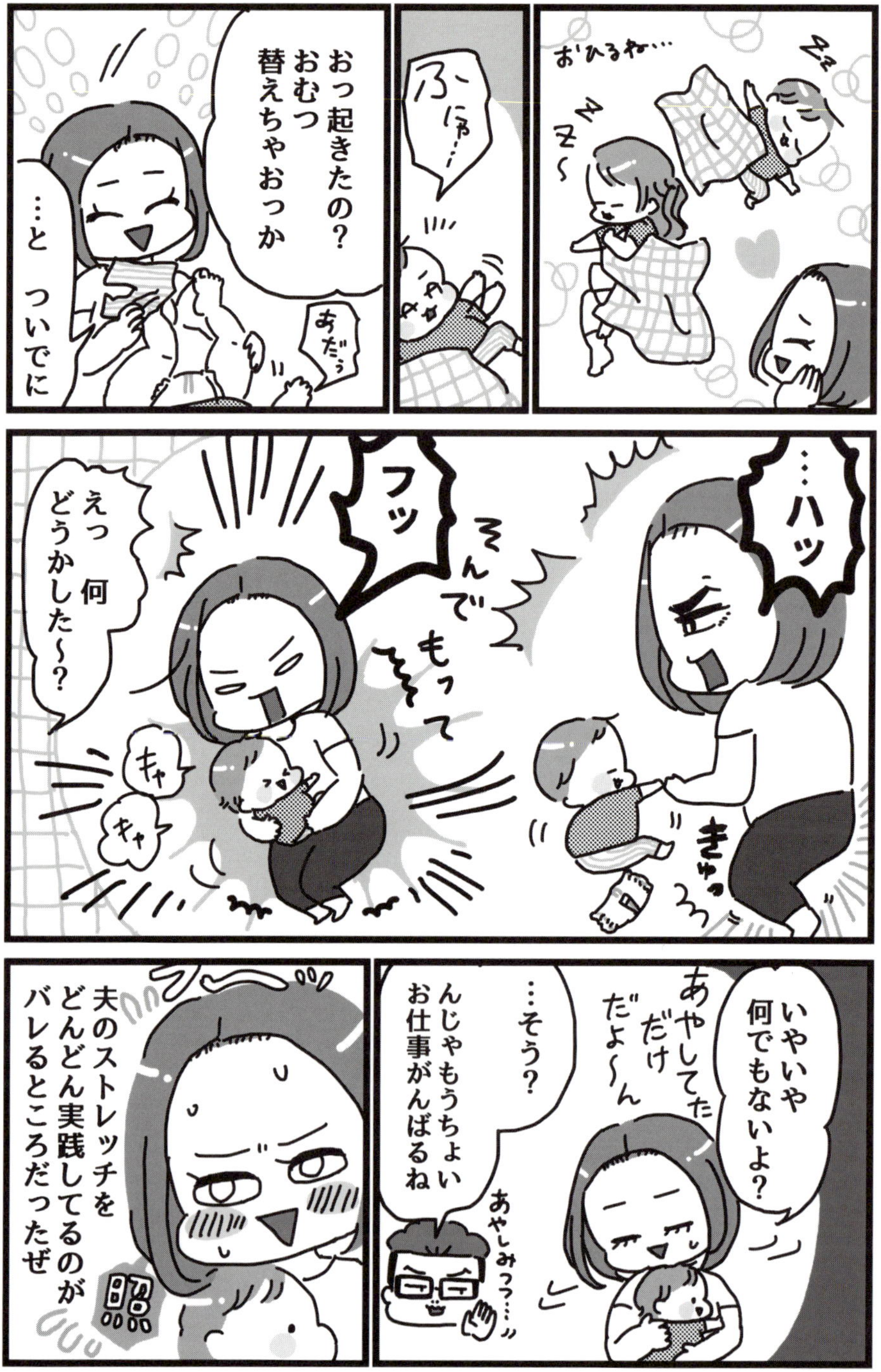

抱っこしながらおしりストレッチ

赤ちゃんを抱っこしながら、脚を閉じておしりの穴をキュッと締めるようにおしり全体に力を入れ、数秒～数十秒キープします。脚の付け根の筋肉にも効いているのを感じましょう。

効く部位　内もも、おしり

イメージ
おしりの穴を
キュッと
締める
ガニ股気味
斜め45度
キュッ!

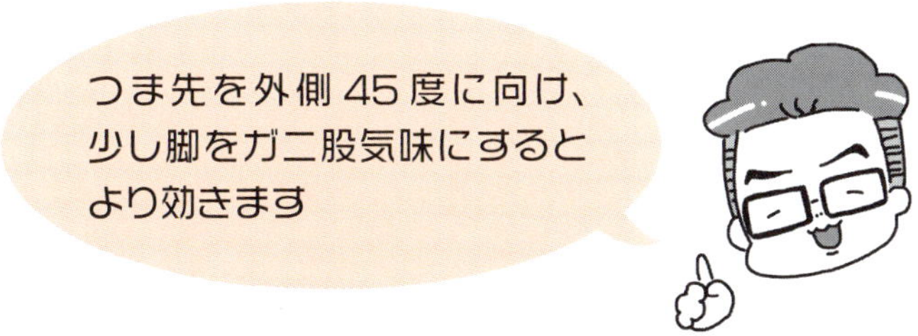
つま先を外側45度に向け、
少し脚をガニ股気味にすると
より効きます

コラム
私の失敗談②
ファスティング
ここ近年よく聞くよね ファスティング…って何だ?
娘
それは フィッシング
これの色ちがいを
試着室
フィッティング
のうこうな味わい…
ティスティング
「断食」
断食かぁ
フム。。。
ググってみました
スマホ
ファスティングのやり方は…
なになに 1週間のうち1日をプロテインか酵素ドリンクのみ もう1日はヨーグルトや消化のいいもの…
なんかストイックでダイエット!って感じする
やってみよう!!!
がんばるぞ〜
ガンバレ〜
今回こそはっ
そして2週間目
フラフラ
つ、つらい
もう16時間固形物を食べてない
★今日は酵素ドリンクと水だけの日★

おっ
おかし…
ダメダメ
ぶんぶん
もうちょっと続けたら
いいデトックスが
できて基礎代謝も
上がるんだからっ
ぐっっっ
プルプル
あ…
でもなんか…
ボヤ…
おいしそうな
パンが
見える…
すっ
あんむ
ギャアァァァ
それ娘ちゃんのウデェ〜
おかあさんっ
ビチョ
げ
幻覚…
ゴメンなさい
やっぱ
無理するのは
駄目だね…

いつだって子どもの無邪気な一言がオトナを傷つける

ヨ○ボーみたいぃ⁉
私の腕ってそんなにモチモチのぷにゃぷにゃなのかっ
どす
くたぁ
ビーズクッション→
おりて
やばい
このまま夏を迎えて腕を出して外を歩かねばいけないのかっ
モチ
モチ
あついから
ソデ短くしたい
ほんとだ
キモチイー
ね♡
ぷみゃぁ
よっし

ゴミ出しついでに
ストレッチしよ〜っと
ききます
あ
明日のゴミ出し
私がやるから
置いといて〜
えっ？
なっ
なんで!!?
何か
かくし
たいの
!?
えっ
夫のストレッチ
ハマってるの
バレたく
ないのよ
べべべ別に
理由とかないけど…？
怪
間接的な犯人
?

ゴミ捨てついでに二の腕ストレッチ

ゴミ袋を両手に持ったまま腕を伸ばし、親指から外側に回すようにに両腕をひねります。そのまま両腕を痛くならないところまでうしろに反らし、約30秒キープしましょう。

効く部位　二の腕

ひねったまま
両腕をうしろに反らし、
30秒キープ

今日は久しぶりに夫婦2人での食事
かがミ
ふんふん
ぱっちリ
ってちょっと時間かけすぎた…?
こういうときに「いつまでやってんの?」とかチャチャ入れてきたりしないのが夫の寛大なとこよね
ポヘ~
メイクながいよ
世の夫(?)
いや寛大ってより
ドンカン
かな…
少しは妻の外見の変化も気づいてほしいよな
な~んて
どう?
ス~~~~
なんか前より痩せてキレイになってるよねえええ
やっぱりちょっと浮気を疑っている深井
ぐぬぬ
ぬぬ
ぬぬ
いいと思う
な…! 微妙な顔!
ちょっとトイレ
ガチャ

なによもう
まさか顔
むくんでる？
まだ時間あるな
トイレで
顔ストレッチ☆
あ〜〜い〜〜う〜〜
W.C.
トイレ長いな…？
あ
出てきた
大丈夫？
え？
もしかして
また べんぴ…

いだだだだ
便秘ならおすすめのストレッチ教えようか？って思ってぇえええ……
結構です
……
ひえ ひえ
プン

表情ほぐれる小顔ストレッチ

口をなるべく大きく使って「あ・い・う・え・お」「あ・い・う・え・お」と繰り返しましょう。表情筋がほぐれ、小顔効果が期待できます。

効く部位　表情筋

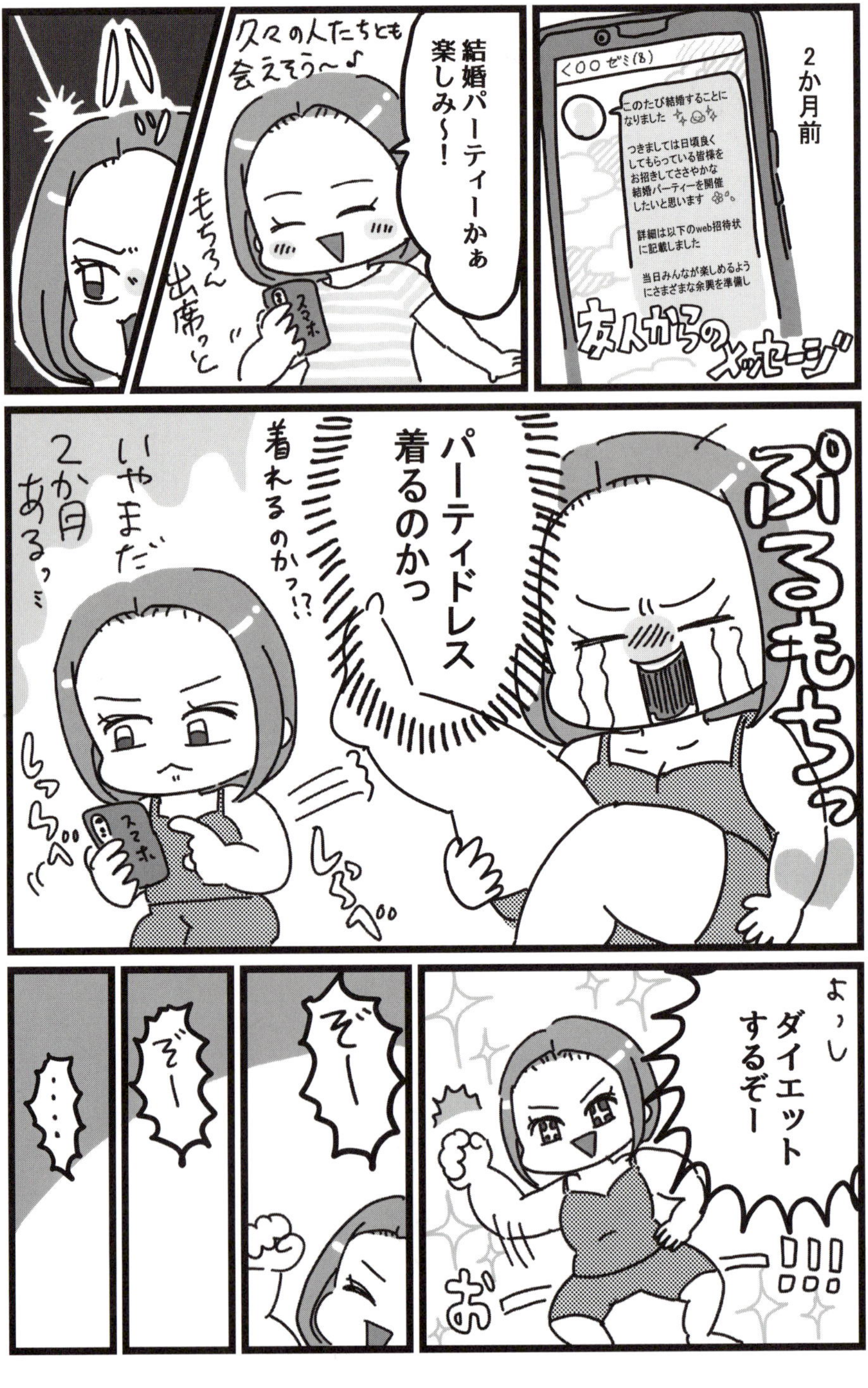
2か月前
＜〇〇ゼミ(8)
このたび結婚することになりました
つきましては日頃良くしてもらっている皆様をお招きしてささやかな結婚パーティーを開催したいと思います
詳細は以下のweb招待状に記載しました
当日みんなが楽しめるようにさまざまな余興を準備し
友人からのメッセージ
結婚パーティーかぁ楽しみ〜！
久々の人たちとも会えそう〜♪
もちろん出席っと
スマホ
ぷるもちっ
パーティドレス着るのかっ
着れるのかっ!?
いやまだ2か月あるっ
しらべ
しらべ
スマホ
よっしダイエットするぞー
おーーー!!!!
ぞー
ぞー
……

日々のくらしに追われてしまった…
ってもう2週間前ですねぇぇぇッ
どうしよう。。。
?
着たいワンピースは
……
用意できてますが…
ステキ～♡
こ、これだアアアア
2週間で効く★
「脚」「お腹まわり」
ストレッチ
スマホ

脚パタ×2“ながら”ストレッチ

うつ伏せになり、膝から下の脚を左右交互にパタパタと動かすだけの簡単エクササイズ。もし裏ももに効いている感覚がない場合は、裏ももに手を添えてみましょう。

効く部位 裏もも

継続は力なり！
楽しく続けるために、
好きな本でも“読みながら”
取り組んで！
パタ
パタ

エア自転車漕ぎで脚ストレッチ

仰向けの状態で両膝を上げ、自転車を漕ぐ要領で脚を左右交互にぐるぐると回します。

効く部位 おしり、脚、お腹

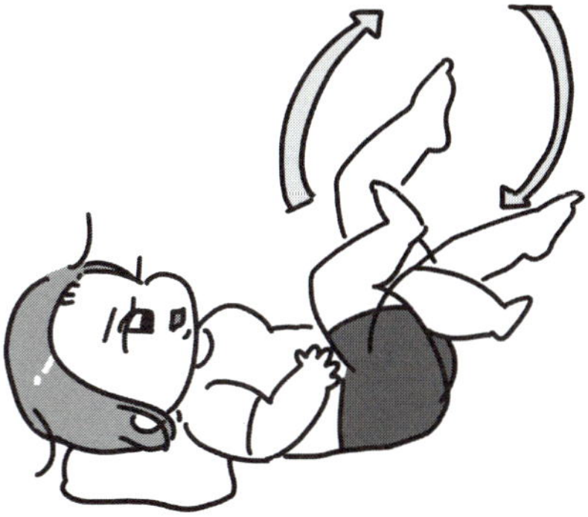

応用編

おへそを覗き込むように頭を上げ、
おしりも持ち上げるとより効きます

夫の動画にすっかりハマってしまいました
今日も今日とてズボラストレッチ!!
(でも恥ずかしいから夫にはまだ内緒)
呼吸忘れないで〜
ぜひメジャーでビフォーアフター測ってみてください
メジャーでストレッチ前と後を計測することで効果が実感できてモチベーションアップにも繋がり継続もしやすくなるため大切なんです!
ムム。。。
やっぱり測ったほうがいいのかな…
後日・・・
よし
夫の部屋
コソ
コソ。。。
うしろ
?
おか〜さん?
もしょっちゅう動画で見せてるし
夫が帰ってくる前にゲットせねば
ゴソ…
キョロ
キョロ
この部屋のどこかにメジャーがあるはず

ギク!
ガサ…
ただいま〜
あれ?僕のヘヤ…?
は、早かったね おかえりぃ〜
ササササササ
メジャーGET
あ〜これはバレたっ!! あんなに否定しておいてストレッチ動画に興味あること…
そしてそれを、黙って夫の部屋で引き出しあさってたなんて 恥ずかしいいいい
おつかれさまぁ〜
かおちゃん…?

夫には私がズボラストレッチにハマってることバレてるのかな？
思いっきり否定してたので
YouTuber
ああ!!?
無理だよ
グサ
冷ややか
バレちゃうの気恥ずかしいのよね….
謝ったりもしてないし
この前覗いてたの気づかれてたっぽかったような…
ガン見
でも…
ねえ久しぶりに2人で外食行かない？
いいいいお店見つけてさ
子どもたちはまかせてっ☆
おめかしかおちゃん
って誘ってくれたし大丈夫よねっ
まぁ気にする必要ないか！
トイレで小顔ストレッチ
おー
いー

おまたせ～
W.C.
もしかして…
大丈夫？
また便秘…？
ぷしゅー
※漫画的表現
実際に手をあげることはありません♡
失礼なっ
なんとか出発…♪
ケロリ
ガチャ…
ヨイショっと
えっ自転車なの？

え、いや
近所にいい店
見つけたからさ
ダ、ダメ？
わがやの
自転車
2号
1号
ズ
あ
そうなのね
シャー
まいっか
自転車乗りながら
ストレッチ
しよ～～っと
なかなか
いい感じの店～
やるじゃん夫～
※ノンアルコール
カクテル
おしずか…
…？
なんか口数
少ないな？
先程の
失言を
気にして
いるのか…？
モグ…
それなら
ついでに
お腹と
脚痩せの
ストレッチも
してみるか～
バレずに
いけるか
チャレンジだ
テーブル
下

自転車でお腹凹ませストレッチ

自転車を漕ぎながら、あえて猫背になってお腹を丸め、腹筋にギュッと力を入れたまま、その状態を 10 秒キープします。次は逆に、背筋をピンと思い切り伸ばしたまま、少しお腹を凹ませ、その状態を 10 秒キープしましょう。

効く部位 脚、お腹

自転車を
漕ぎながら、
脚以外にお腹も
効かせられるのは
意外でしょ？

コラム
私の失敗談③
ランニング
「我慢はよくない」ということに気づいたかおちゃん
食事制限のような好きなもの我慢するのは生理的に厳しいんだな
うんうんうん
だって私たち人間だものっ
にんげんだもの…??
人間だって動物！狩りをして、食べて、寝る…これが基本ってこと
(いつの時代だ？)
メラァ
つまり運動っ
これが自然の摂理というものッ
ランニングに挑戦だアッ
王道中の王道ォオ!!!
でももう今までのような失敗はしないぜ
これまではいきなり無理をしていたからどうしても続かなかったんだと思う

と、いうことで
ウォーキングから始め
毎日ではなく週2回
決まった曜日に決行
3週間も続いてるぞ～！
(計6回)
ほっ
ほっ
やっぱ無理をしすぎないのがよかったのかも♪
毎日じゃきっと続いてないワ♡
さらに2週間後
ガチャッ
よしっ
玄関ドア
習慣づいてきたかも♪
ザ――――
なんも見えん
どしゃぶりやんけッ
ザ――
ザ――
バタ――ン
ガチャ
そして彼女がふたたび外を走ることはなかった……

んーー
はー
お風呂
お風呂
※カガミ
ギエエエエッ
って
なにこのおなかっっ
ぽんぽこ
風呂前の鏡は
とんでもない現実を
突きつけてくるわい
じっ
よしっ
なんか湯船でも
できそうなやつ
検索検索〜ッ
ボーッとするのも好きなんだけどね
シュビドゥバ
スマホ
ズボラストレッチ　座りながら
これだッ
頼むぞ
相乗効果ッ
せなか
※セクシー注意

お風呂に入りながらストレッチ

「体育座り」の状態からスタート。腹筋を意識しながら上半身を３秒かけてうしろに倒したら、また３秒かけてゆっくりと元に戻します。

効く部位　おしり、脚、お腹

ついに来ました ウェディングパーティ
着れました☆
じゃあ 行ってくるね〜
!!
え!? あ、うん、いって らっしゃい?
おかーさん キレー!!
アワワ
オメデトーッ
さっきなんか キョドついてたな
変なの
事前に伝えてたのに… 忘れてたのか?
そういえば 私たちの結婚式では 夫、めちゃくちゃ 緊張してたっけ…
コチ
カチ
フフッ
みんな 久しぶりで うれしいなぁ
ねー
あっちに ゼミ仲間 いたよ
カジュアル カフェパーティ
キョロ

わい
わい
あ…Aくん
パン
うまっ
同じゼミの仲間だったAくん
大学生 Aくん
かおちゃん
昔ちょっと気になってたんだよね
変わってないな〜Aくん…
相変わらずカッコイイ
老けてないな〜
きらめいてる…
けど私とはちょっと合わなかったんだよねぇ
クール＆スマート キンチョーする
おちつく
カタン
で、でもやっぱ昔の仲間の前では少しくらい見栄も張りたいもんよッ
スクッ
ちょっとトイレ〜
新婦も衣装チェンジ中だし
ズボラストレッチ　二の腕
【二の腕痩せストレッチ】
二の腕を細くする方法
これだわ
スマホ

ストレッチすると
気分もスッキリ～
♪
戻ろ
戻ろ
あっAくん
久しぶり～！
ばったり
タイミング…!!
おー
元気
してた？
全然変わらないね！
何の気なしに
すぐ花を背負って
しまうAくん
いや昔より
キレイになった
んじゃない？
乙女
かおちゃん。
ヤッッタ!
アリガトー!!!!
Aくんこそ
全然変わんないねぇ
いやいや立派な
おじさんです
よ
キャ♥
ありがとう
夫よっっ
うれしーっ
おかえり～

腕スリムストレッチ

両腕を30度くらい横に広げ、手のひらは体の正面側に向けます。肩の付け根を軸に、手をひっくり返す（甲を前に向ける）＆元に戻すを30秒間繰り返しましょう。

効く部位　二の腕、前腕

軸
軸

肩に力が入った“いかり肩”の状態にならないよう注意してください！

コラム
私の失敗談④
ジムトレーニング
は～ダイエットなかなか続かないなぁ
よっこら
ダイエット 続かない理由
すべて 画像 ショッピング
スィー…
ダイエットがつづかないー
ダイエットは1人だと難しい
って記事
あ～わかります
ハイハイハイ
スマホ
なになに…
友達と一緒にやればお互いに励ましあうことができて続きやすい…と…
これだッ
誰かと一緒にすれば続くかもっ
ガバッ
さそい さそい
ジム入会っ
ということで
時間があいやすいママ友←

1人で行ったり
フゥ フゥ
ママ友と一緒に行ったりして
2か月経過
やっぱ励ましあえるのいいかも〜！★
そんな中…
コロナウィルスにより
しばらくの間
ジム閉館
ドーン
うわ〜
キャ
でもこればっかりはね〜
ねえ…
しかたないよね
うん うん
頷
人はなぜ完璧をめざすのでしょう…
一度途切れたとてもう一度
ゆるりと再開すればいいだけなのに…
なぜかできないのよねっっ
※ジム自体は営業を再開しています

カッ
最近…
妻がどんどんキレイになっている
……
きっと他に
好きなヤツでもできたんだッ

「改まってどうしたの?」
夫から「話がある」と告げられる

ねえ
ドクン…
な、なに？
おれに不満とかある？
あの…すごく言いづらいんだけどっ
う 浮気とかしてない？
え？？？？
UWAKI？
UWAKI？？
え？うわき？
うん
え？うわき？？
（2回目）
うん
だって…

!!!
なんか最近ちょっと痩せてキレイになった？って思っててさぁっ
な、私の浮気を疑ってたの？？？
いやでも珍しく真剣な表情してる
マジのやつだ…
ぐる
ぐる
笑っちゃあかん
どうしよう…
それで最近妙にご機嫌うかがったりやさしかったりしたのか…
マジの目
あのね…
は〜
「実はあなたの動画にハマっちゃってダイエットしてただけだよ」
いや…待てよ

あのね、
絶ッ対に浮気なんか
してないよ
キパッ
100%信じていいから
それだけ伝えておく
バレてないなら
いいのよっ
そうなの…って
ってでも
じゃあなんで
この前急に
バッチリメイクして
出かけたんだよっ⁉
他の男と
喫茶店で会ってるのも
見たんだからなっ
ワッ
かおちゃんの
あたま
はー？

メイク…は最近ストレッチするようになってモチベーションが上がって色々試すようになったからとして
他の男？
はて？すぎる
オシャレな喫茶店でさあっっ
先月くらいにさぁっ
○○町のとこだよっ
ガラスばり
ズガーン
○○町…
子どもたちをおばあちゃんに見てもらって打ち合わせで中抜けした時に発見してしまった衝撃…!!!
あれか…？
（他に思い当たらん）
いや 友達の結婚式に行くって言ったでしょ
ちゃ〜〜んと言ってあったのに分かってなかったの？？
オシャレ喫茶店
カジュアルカフェパーティ
てか他の人もぜんぜん居るしっっ
むすめちゃんはわかってたよ
けっこんしきたのしかった？

あっ そうか。。。
ホッ
……
相変わらず
思い込んだら
一直線だな
ほんと 突拍子もない……
よかった〜〜 かおちゃん!!
普段YouTubeのこと
ばっかりだし、
私の変化なんか
そんなに気づかない
と思ってたけどね
ちょっと うれしいかも
でもホントに
痩せたよね…?
マジで浮気じゃないよねっっ
ないって

それにしても
体重はそこまで
減ってないのに
ここまでとは
浮気を疑われるほどに…
ストレッチ
あなどれん
馬鹿にしてごめんなさいっ
痩せてキレイになったのは
あなたのおかげだよ
夫、ありがと〜〜〜〜〜
でもまだ
真実は伝えて
あげないっ
なに
ニヤニヤ
してんの
別に〜？
やれやれ
おにあいですこと

おわりに

〝ズボラー〟を自負している僕が紹介してきたダイエットストレッチ。
いかがでしたでしょうか？

「こんなにゆるくていいの？」と思われたのではないでしょうか？

もちろん、これでよいのです。

今回の主な目的は、ズボラな方でもできるストレッチ、シェイプアップ方法を知っていただき「これならカンタン。自分でもできそう」と、思っていただくことです。ですからハードルは極力下げました。

正直なところ、「1カ月で3kg痩せたい」「3カ月で10kg落としたい」「マッチョになりたい」といった要望に応えるには、ズボラストレッチだけでは不十分と言わざるを得ません。

そういう方はやはり、有酸素運動や筋力トレーニング、そして食事管理なども必要になってくるでしょう。

ただしズボラストレッチは、これまで数々のダイエットで失敗し、継続できなかった人には本当におすすめです。冒頭のメッセージでも本編でも「習慣化が大切」と言っていますが、最初は週に1回、1回30秒のストレッチを続けることを目標にしてみてください。

週に1回を続けているうちに、当たり前のようにこなせるようになり、「もう1つ別のストレッチをやってみようかな」と意欲がわいてくるはずです。徐々に1日に行うストレッチの種類が増えていったり、1週間に行うストレッチの回数が増えていったりすればしめたものです。

週に1回だとしても、ストレッチそのものがキツいものであれば続かない可能性はあります。でもズボラストレッチは非常にカンタンですし、そもそも無理のない程度にやればいいので、いくらズボラーのみなさんでも続けられるでしょう。僕ができるくらいなので！

あと、もう1つコツをご紹介させてください。

ストレッチを行うときに「よし、やるぞ」と気合いを入れるのではなく、何かのついでに、何かをしながら、やってみるようにしてください。

例えば、本書で紹介しているような、「テレビを観ながら」「赤ちゃんをだっ

こしながら」「ゴミ出しをしながら」「自転車を漕ぎながら」「湯船につかりながら」といった具合です。

また、ストレッチ以外でも、例えば、「電車で座らずに立つ」「エスカレーターやエレベーターを使わずに階段を利用する」といった、運動量を増やす工夫も日常的に取り入れると、相乗効果で痩せやすくなるでしょう。張り切らず、日常の動きに「＋α」するのがポイントです。

最近…
妻がどんどん
キレイになっている

最後に、本書の物語を読んで、僕の「ズボラストレッチ」に興味を持ってくださった方、そして、「もっと他の『ズボラストレッチ』も実践してみたい」と思った方、もしよろしければ、ＹｏｕＴｕｂｅチャンネルをご覧ください。

本書でご紹介したストレッチはごく一部。ＹｏｕＴｕｂｅチャンネルでは、本書で紹介できなかった日常的なストレッチ、細かい部位別のストレッチ、さらにはもう少しハードなもの、頭痛や腰痛などの〝痛みや不調〟を緩和するようなストレッチなど、多種多様なストレッチをご紹介しています。

そして、生まれ変わるきっかけがほしい方は、左ページにあるＱＲコードを読み取っていただき、ご登録いただければ、僕がつくった特別な１週間メニューを無料でプレゼントします。気になる方はお早めに。
そして少しずつ実践する種類を増やしていけば、きっとさらにステップアップできます。
無理なく理想のカラダに近づくために、まずは一歩を踏み出してみましょう。
ストレッチでみなさんの人生が少しでも豊かになることを願っています。

2024年9月　深井裕樹

YouTube公式チャンネル
ズボラストレッチ

ズボラストレッチ　YouTube　検索

https://www.youtube.com/@zuborastretch

ズボラストレッチ
公式LINE

※ 2024年9月現在の情報です。
※ ＰＣ／スマートフォン対象（一部の機種ではご利用いただけない場合があります）。
※ パケット通信料を含む通信費用はお客様のご負担になります。
※ システム等の事情により予告なく公開を終了する場合があります。
※ 上記 YouTube・LINE アカウントは、深井裕樹さんが管理・運営するものとなります。株式会社ＫＡＤＯＫＡＷＡではお問い合わせ等をお受けしていません。

深井 裕樹

株式会社スマートタンパク代表取締役。YouTubeチャンネル「ズボラストレッチ」は登録者145万人。「週に1回でも習慣化」を合言葉に、カンタンで誰でも続けられるストレッチを紹介し、爆発的な支持を得る。業界最大手ストレッチ専門店9年勤務、月間個人売上1位を複数回記録。日本テレビ「ヒルナンデス！」、テレビ東京「ワールドビジネスサテライト」出演。女性誌『LDK』毎月連載中。経営者としてSNSマーケティング事業、広報PR事業、人工甘味料不使用のプロテインの開発なども行っている。著書に『めんどくさがり屋さん専用！寝ながら1回30秒で痩せるズボラストレッチ』（マガジンハウス）がある。

せるこ 安藤

1989年生まれ。ゆるイラストレーター兼漫画家。SNSで日々の記録をゆるい漫画で発信し、注目を集める。動物や似顔絵、クスッと笑えるイラストや勢いのあるエッセイ調の漫画を得意とする。5歳娘、2歳息子と夫と4人で石川県でのんびり暮らしている。漫画・イラストを手掛けた書籍に『あの～～～、1円でも多くお金を残すにはどうしたらいいですか？』（すばる舎）がある。

ズボラの神《かみ》が嫁《よめ》にストレッチを教《おし》えたら
スリムレベル99になった件《けん》

2024年10月30日　初版発行

著者／深井《ふかい》 裕樹《ゆうき》

イラスト・漫画／せるこ 安藤《あんどう》

発行者／山下　直久

発行／株式会社KADOKAWA
〒102-8177　東京都千代田区富士見2-13-3
電話 0570-002-301（ナビダイヤル）

印刷所／TOPPANクロレ株式会社

製本所／TOPPANクロレ株式会社

本書の無断複製（コピー、スキャン、デジタル化等）並びに
無断複製物の譲渡および配信は、著作権法上での例外を除き禁じられています。
また、本書を代行業者等の第三者に依頼して複製する行為は、
たとえ個人や家庭内での利用であっても一切認められておりません。

•お問い合わせ
https://www.kadokawa.co.jp/（「お問い合わせ」へお進みください）
※内容によっては、お答えできない場合があります。
※サポートは日本国内のみとさせていただきます。
※Japanese text only

定価はカバーに表示してあります。

©Yuki Fukai 2024 Printed in Japan
ISBN 978-4-04-605480-7　C0077